自信を育てる

発達障害の子のための

# できる道具

"dekiru"
dougu

筑波大学附属
大塚特別支援学校研究主任
佐藤義竹

小学館

## 「できた」経験を積み重ねて、自信を深めてほしい

### 特別支援教育が求められる時代

　私は現在、筑波大学附属大塚特別支援学校の研究主任兼教務主任として校内の仕事に携わることに加えて、地域の学校や園への相談支援に取り組んでいます。学校や園への相談支援は、「地域の特別支援教育のセンター的機能を担う学校」として2003年頃より具体的に求められるようになった特別支援学校の役割のひとつです。

　本校でも2003年頃から区内の学校や園との連携を開始し、現在では区の外部専門家として幼稚園・小学校を中心に、巡回相談や校内研修会の協力を行っています。

　特別支援教育のニーズの高まりとともに、区内・区外かかわらず広い地域の学校や園と連携させていただくことが増えました。また、2019年度からは研究協力校のひとつとして、海外の日本人学校への遠隔支援コンサルテーションにも取り組んでいます。

　このように他機関との連携を通して、特別支援教育は特別支援学校や特別支援学級などの限られた学びの場の話ではなく、多様な場において求められる教育のひとつになってきていると感じています。

### 手立ては安心感を後押ししてくれる

　特別支援教育では「手立て」をとても大事にしています。手立ては「児童生徒が〇〇することができる」ために配慮されるもので、かかわり方（言葉かけや身

体的援助など）から、教材教具までさまざまです。大切なのは「（手立ての活用を通して）〜できる」という視点です。児童生徒の「〜が難しい」という実態から、具体的な手立ての活用を通して、「できない」から「できる」に変わるということです。「できた」という経験、その積み重ねを通して、児童生徒が達成感を得て、自信を深め自己肯定感を高めることを意識しています。

　本書では、手立てのひとつである教材教具の視点から道具を選びました。

　手立ては何も障害のある子に限った話ではありません。私たちの日常生活のさまざまなところにあります。たとえば学校や園では手洗い場前の床に足形マークが貼付されていることがあります。これは、子どもがどこに並ぶのかわかりやすいようにしたり、並び抜かしによるトラブルを未然に防いだりするための手立てです。足形マークは駅やスーパーなどにも貼付されています。これは誰にとってもわかりやすいからです。

　巡回相談等で特別支援学校以外の先生と話をする機会が多くある中で、改めて特別支援教育の視点の意義や魅力を感じます。そのひとつが「手立て」です。手立ては、誰にとっても有益で、「これがあれば大丈夫」と安心感を与えてくれます。そして、道具（＝手立てのひとつ）は障害の有無にかかわらず、多くの人の生活を支え、後押ししてくれるものだと、私は考えています。

筑波大学附属大塚特別支援学校研究主任
佐藤義竹

# Contents

Part 1

身のまわりのこと

8

Part4

学習のこと

64

おうちマークの横のコメントは、
家庭でできるいろいろな工夫
についてです。

●商品の価格は税込表示です。
●商品の情報と価格は
　2023年10月現在のものです。

# Part 1

## 身のまわりのこと

### 道具を渡して終わりではなく
### 一緒に使って、「できた」を積み重ね、
### 少しずつ手を離すようにします。

　日常生活を過ごすうえで、子どもたちはさまざまなことをこなさなければなりません。時間帯や場面に応じてさまざまな課題があります。

　朝起きてから寝るまでを振り返ってみましょう。着替え、洗顔、歯磨き、身支度、食事、出かける準備。帰宅してからは寝るまでにも宿題、入浴、明日の準備などがあります。

　1日の生活だけではなく、少し先の範囲まで見越した動きが必要になることもあるでしょう。道具を選ぶ時には、ぜひ具体的な場面をイメージしていただければと思います。

　ここで強調しておきたいのは、道具さえあればその他のかかわりはいらないとはならないことです。「これ、使っ

てごらん」と渡して終わりにするのではなく、最初は一緒に使いながら、その道具に慣れることが大切です。「これ一緒に使ってみない?」と一緒に確認しながら、道具の使い方を知るようにしましょう。

　私たちだって、スマートフォンや生活家電を買い替えた時、最初からスムーズに使用できることは少ないはずです。まず説明書を確認し、スイッチを入れてみるというように、実際の経験を通して慣れてくるものです。

　そのような考えのもとに、この章では①失敗しないような工夫のある道具　②自分で取り組みやすい道具　③見てわかる工夫がある道具の3点から道具を紹介しています。

　本書の道具の活用も同じで、特に初めは一緒に使いながら使い方を理解し、「できた」を実感することが大切です。そして、その子の様子に応じてガイドを段階的に少なくしていく…という視点で経験を積み重ねてほしいと思います。

# 食べこぼしが少なくなる

# こぼさず、倒さず、かけすぎず。「ひとりで上手に食べられた」体験を。

手先が器用でなかったり、注意がそれやすかったりすると、どうしてもこぼしたり、倒したりしてしまいがち。「上手に食べられない」ことが、子どもから自信をなくしてしまうことのないように、使いやすい食器やマットを用意しましょう。食事はコミュニケーションの時間でもあります。楽しい場にしたいですよね。

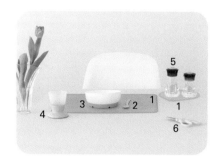

## 1
### 食器を安定させるマット。
### こぼしても安心です。

置いた食器が安定するシリコン製のマット。片手で
すくっても食器がズレにくい仕様です。介護用に使
われることの多い食器用マットですが、食器の扱
いに失敗しやすい子どもにもおすすめ。
●ノンスリップマット / オープン価格　ノンスリップマットミニ /
オープン価格 /（株）台和 http://www.daiwa-grp.co.jp

## 2
### 左ききの子には左きき用を。
### すくいやすいソフトタイプ。

食べこぼしが多いのは、きき手にあっていないから
かもしれません。左ききの子には左きき用のスプー
ンを。ソフトタッチで子どものひと口の量にあうサ
イズで、すくいやすい長い柄。右きき用もあります。
幼児用ですが、小学生でも使えるサイズです。
●ソフトスプーン・幼児用 /1,100 円 / ののじ㈱
☎ 050-5509-8340

## 3
### すくいやすく、安定した形。
### 見た目もおしゃれ。

プレートもボウルも深さのある縁なのですくう時に、
食器からこぼれません。特に縁付きのプレートは、
こぼす心配がなく安心です。
● SMÅGLI/ スモーグリプレート(P11 参照)/ ボウル /799 円
/ イケア・ジャパン（株）☎ 0570-01-3900

・醤油差しは、「3 回押してね」などとアドバイスを。
・ケチャップやマヨネーズのミニボトルを用意して必要な分だけ出せるように。
・食べこぼしが多い時は、食器やスプーンを見直して。

## 4
## 底広で安定感とフィット感があり、
## 持ちやすい形状。

飲み物をよくこぼす子におすすめです。安定感の
ある底と持つ部分がフィット感のある素材。倒れに
くく、持ちやすく、飲みやすい形です。

●ベビーカップ 2 パック /2,860 円 / ベビービョルン（株）
☎ 03-3518-9980

## 5
## かけすぎを防ぐプッシュ式。
## 力加減の難しい子におすすめ。

醤油やソースをかけるのには微妙な力加減が必要
です。力の加減がうまくいかずにかけすぎてしまう
子には、1滴ずつかけられる醤油差しを。上部のシ
リコン部分をプッシュして1滴ずつかけることができ
ます。

●プッシュワン M/1,045 円　S/979 円 / （株）台和 http://www.
daiwa-grp.co.jp

## 6
## 食べやすい大きさにカット。
## 出先でも役立ちます。

食べこぼしを注意する前に、子どもが食べやすく、
食べこぼしのない大きさにその場でカット。ケース
付きなので携帯しやすく、レストランなどの出先で
も使えます。

●ベビー用フードカッター（ケース付き）/1,650 円 / （株）グリー
ンベル　☎ 06-6392-3871

できる！
ポイント
○こぼさずにすくえる。
○ちょうどよい加減でかけられる。
○力加減が難しくても食器を倒さずに済む。

## 体や手を上手に洗える

# 「ちゃんと洗いなさい」の「ちゃんと」を見える化すると、ひとりでできるようになります。

手順がよくわからないために、いい加減な洗い方になってしまう子がいます。「ちゃんと洗いなさい」ではなく、手順をイラストや写真などで見えるようにしましょう。筑波大学附属大塚特別支援学校では、歯の磨き方の手順をイラストにして「次にどこを磨いたらいいのか」を順を追ってわかるようにしています。子どもが自分で見て確認しながら行動できることが大切です。

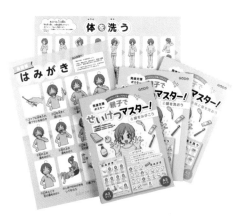

### 手順という「暗黙の了解」を見える化。

体や髪、歯、顔の洗い方の手順をイラストで示したポスターです。いつの間にか身に付いてしまう洗い方の手順や清潔感は、いわば「暗黙の了解」。「暗黙の了解」が苦手な子には、イラストで見える化すると、手順が伝わります。浴室で使えるよう水に濡らして貼れるのもうれしい工夫。
● 発達支援ポスター くりかえして身につけよう 親子でせいけつマスター!(1)〜(3)/ 各1,870円 / 合同出版
☎ 042-401-2930

いきなりひとりでやらせるのではなく、最初はおうちの人と一緒に。慣れてきたところで、ひとりでできるよう見守るようにします。

14

佐藤先生からひとこと
教え方が人によって違うと子どもは混乱します。
手順を統一するためにも見える化することが大切です。

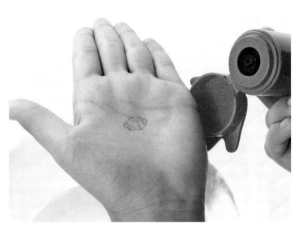

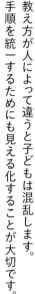

## 「きれいに洗えた」が見てわかる。

つい言いがちな「しっかり洗いなさい」「ちゃんと洗って」。あいまいな言葉では伝わりません。おててポンは「汚れが落ちた」感覚が、手に押したスタンプが消えることで確認できます。スタンプが消えるまで洗うことを繰り返して、手をきれいに洗う練習を。

●手洗い練習スタンプ おててポン /550 円 /
シヤチハタ(株)　☎ 052-523-6935

### できる！ポイント

○ 言われなくても、手順の見通しが立つ。
○ 言葉で理解しづらいことでも、見てわかる。
○ 確認しながら繰り返せるので習慣になる。

# 「忘れ物ない?」と漠然とした声かけをするより見て、確認して、安心できるツールを。

家から外に出てすぐ、「あれ？　体操服持ったかな？」という心配。出てからしばらくして「あれ？　鍵閉めたかな？」という不安。出かける時にチェックできる道具があると、忘れ物や戸締まりの不安も「水際」で防ぐことができます。出かける時にチェックして、安心できる道具をご紹介します。

## 閉めると色が変わる鍵カバー。閉め忘れによる不安を解消。

手持ちの鍵にかぶせるだけ。鍵を閉めるとカバーの表示窓の色（写真左）が変わります。出がけにバタバタして閉めたかどうか不安になるママにもおすすめです。
※すべてのタイプの鍵に使えるわけではありません。詳しくは美和ロックのホームページで確認を。
● ChecKEY II（チェッキー2）/1,595円/美和ロック（株）
https://www.miwa-lock.jp/?site_domain=default

どのタイミングで持ち物チェックをするのかで、道具も変わってきます。タイミングや子どもの使い方にあわせた道具選びを。

佐藤先生からひとこと

最初は保護者と一緒に確認しながら使い方がわかるようにし、段階的に自分で進んでチェックできるようにしていきましょう。

## 確認して、スライドして、カチッ。
## 出かける前の習慣に。

出かける時にチェックする習慣を。ひとつひとつの項目をスライドしながらチェックできます。ランドセルやバッグに取り付けられるカラビナ付き。忘れがちなものをイラスト化したシール20枚付き。自由に書ける無地シールもあり、その子にあわせてカスタマイズできます。

●子ども用持ち物チェッカー /495 円 / スケーター㈱ ☎ 0742-63-2001

## 「忘れないで〜」と
## スイングポップで目立たせる方法も。

人は動いているものに目が留まります。揺れて目につきやすいスイングポップを使って貼る場所を工夫すると、どうしたって目に飛び込んできます。忘れそうなものをスイングポップに書いてランドセルやカバン、ドアの内側などに貼っておきましょう。

●ちょっと待った スイングポップ（べじこ）/3 枚セット /1,000 円 / 太美工芸㈱ ☎ 052-503-3231　販売は楽天市場にて。ショップ名「人を助ける印刷屋さん」

できる！ポイント
- ○ 見ながらひとつずつチェックできるので安心。
- ○ 家を出る寸前に確認できるので、「忘れたかもしれない」不安が解消される。

**佐藤先生からのメッセージ①**
〜パニックの伝え方〜

# どのような時に起きるのか、
# 家庭ではどのようにしているのかを、
# 具体的に伝える。

### 学校と情報の共有を

　パニックや癇癪など、さまざまな言葉がありますが、家庭と学校との連携にあたっては、具体的にどんな時にどんな様子が見られるのかを共通理解することが大切だと思います。突然怒り出す場合もあれば、徐々に苛立ちが大きくなる予兆のようなものもあると思います。そして家庭ではそのような時に、どう対応しているのか…という情報は学校での支援を考えるうえでの貴重な参考情報となるはずです。家庭と学校の環境は違うことの方が多いので、そのまま応用できることは少ないですが、引き継ぐポイントがあるはずです。そのポイントを押さえた環境に調整することで、本人の支援や対応の一貫性が高まります。

## チームとして子どもを支える

　家庭も学校も大きな枠組みで見れば、その子を支援するひとつのチームになるのではないかと思います。一概に言うことができない難しさもあるのですが、学校も家庭もお互いに敬意を持ち、思いやりを大切に連携することで、支援がより充実したものになると感じます。「学校で行っていることを、家庭にもつなげることが難しい」「家庭ではこうしているのに、学校で同じように対応してくれない」などではなく、お互いに合意形成を図れる接点を見つけていく作業が重要です。子どもへの思いや願いは同じはずです。同じ方向を向いて支えあうことで、その子の育ち・学びは一層充実したものになります。

# イライラを自分で調整

## パニックや不安も
## 手立てがあれば大丈夫と、
## 子ども自身が知ることが大事。

緊張や不安から起きるパニックやストレス。まずは、周囲に理解してもらえるようにしましょう。そして、落ち着いて過ごせる手立てをいくつか持つようにしましょう。手立ては、子ども自身が知っていることが大切です。自分で自分を落ち着かせる経験は、大人になった時にも役に立ちます。

### 気になる環境音をカットしながら、人の声は聞こえる耳栓。

電車の中や人混みの騒音が気になって落ち着かないという子に。人の会話は聞き取りやすく、まわりの騒音をカットする耳栓です。耳の穴にフィットしやすいよう大きさの異なる3段階のフランジ。黄色は高音域を遮音。紛失しづらいコード付き。水色は低音域を遮音。耳に差し込むだけ。
●黄色：3M™ E-A-R™ウルトラフィット™耳栓 340-4004　水色：3M™ 耳栓 1290/ オープン価格 / スリーエムジャパン(株)　☎0570-011-321

混乱しそうな場面や苦手な場所に行く前に
自分で用意できるようにしましょう。

## 大きな声を
## 出したくなった時に。
## がまんしなくても大丈夫。

大きな声を出したくなった時に。音が外にもれにくい構造。※子ども用ではないため口の大きさとあわない可能性もあります。

●ストレス解消ボイトレエクサ/2,178円/(株)ニーズ ☎079-438-7141

## イライラした時に、プチプチ、
## 手にほどよい刺激でストレス解消。

プチッという破裂音搭載。∞（ムゲン）に潰し続けることができる「気泡」です。潰した感触と音を繰り返し楽しむうちにストレス解消になります。イライラした時や、手もち無沙汰で手遊びしたくなった時に。

●∞プチプチ AIR©BANDAI/1,078円／（株）バンダイ https://www.bandai.co.jp/ ※日本特許出願済・日本意匠出願済／「プチプチ」「∞プチプチ」は川上産業（株）の商標登録商品です。

佐藤先生からひとこと

子どもが不安定になった時に、家庭でどうしているのかを、担任の先生と具体的な情報とともに共通理解しておくことも大切。担任の重要な情報源になります。

## できる！ポイント

○携帯できるので出先でのイライラや不安を解消できる。
○ストレスを発散できる。
○緊張や不安を感じたら自分で落ち着かせることができる。

学校での忘れ物が少なくなる

# 準備するもの、提出するものを1か所で見渡せるように。

学校へ持っていくものは種類が多く、曜日によって違います。家から学校へ提出するものもあります。忘れないような手立てがどうしても必要になってきます。ひとめで見渡せる工夫や整理しやすい道具を、子どもにあわせて用意しましょう。

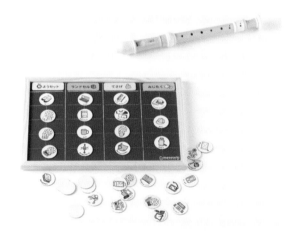

### ひとつひとつ確認しながらの準備に。
### マグネットを裏返すと「できた」マークで達成感。

学校へ持っていく多種多様なものが、ひとつひとつマグネットに描かれています。マグネットを裏返すと「準備できた」の花丸マーク。子どもが自分で確認しながら、ランドセルに入れることができます。

●こどもの準備ボード /1,650 円 / クツワ㈱　☎ 06-6745-5611

 最初は、おうちの人と一緒に確認しながら準備。
少しずつおうちの人の働きかけを減らしていくようにします。

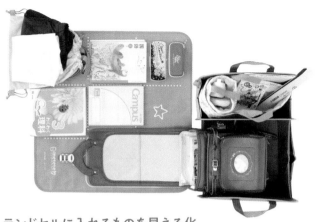

佐藤先生からひとこと

子どもが自分で準備できる環境や道具があると、「忘れ物ない？」などの声かけの回数が減ります。

## ランドセルに入れるものを見える化。
## スペースを限定して、ひとめで見渡せるように。

ランドセルを定位置に置ける「ランドセルスポッ！と」と「準備マット」の組みあわせです。明日持っていくものを準備マットに並べて、ランドセルに入れていくことができます。スペースを決めることで、ひとめで見渡すことができ、入れ忘れを防ぐことができます。

●ランドセルスポッ！とセット（準備マット付き）/4,950円/クツワ（株） ☎06-6745-5611

## プリント紛失防止だけでなく、
## 帰宅後の見通しが立つ分類収納。

プリントを収納するだけではなく、分類しながら収納できる袋です。帰宅後、袋から取り出しながら、連絡帳やプリントを渡す、宿題を済ませるなど、やることの見通しを立てることもできます。ランドセルにすっぽり入り、取っ手付きで取り出しやすい工夫が。

●プリントまとめて忘れん絡袋　A4/825円/（株）ソニック　☎06-6752-3625

でき る！　○ 見て確認しながら準備できる。
　　　　　○ ランドセルに入れるものがひとめで見渡せる。
ポイント　○ ランドセルの中が整理しやすくなる。

モ　ノ　の　管　理　が　し　や　す　く　な　る

# 自分用の目印を付けたり、荷物をひとまとめにできる専用バッグで管理しやすく。

身辺自立のひとつに、モノの「管理」があげられます。上手に管理できるようになるために、モノにあわせた工夫を。たとえば「自分のもの」という意識が持てる目印だったり、まとめてひとつに収納できるバッグだったり。「管理しやすさ」という視点に立って紛失防止の工夫を。

## ランドセルに専用ポーチをセットできるので置き忘れなし。

ポーチからポンチョを引き出して、ランドセルの上から着ることができます。しまう時もランドセルにポーチをセットしたまま。ランドセルとポーチをつなげられるため、学校にうっかり置き忘れたりなくしたりすることがありません。

●かっぱっぱイロアポンチョ＆ポーチ /6,380 円 / ポンチョ /4,840 円 /HOLUDONA（株）info@holudona.com　☎ 045-413-9797

ランドセルにセットできる専用のポーチ。

・自分用の目印は、子どもと一緒に決めて。
・ランドセル専用ポーチに入れるものは決めておき、習慣にしましょう。

佐藤先生からひとこと

お名前シール＋シンボルマークがあると、「自分のもの」という手がかりになります。

## 文字が読めなくても
## 自分用の目印でわかります。

文字だけではなく、イラストをシンボルマークに。エレコムのラミネートシールはサイトから何種類ものイラストをダウンロードでき、簡単に自分用マークを作れます。イラストはこちらから。

https://www.elecom.co.jp/rakupuri/

※本製品はシールを保護するためのラミネートシールです。印刷用のシールは入っていません。

●ラミネートシール防水・UVカット A4/495円（店頭実勢価格）/ エレコム（株）☎ 0570-067-676

## 分散させずにひとつにまとめると
## 管理しやすくなります。

体操着、給食エプロン、上履きなど手荷物が多いと管理が難しく、忘れ物も多くなります。分散させずにランドセル専用のバッグにまとめて登下校を。手に持っている荷物を振り回して、トラブルになってしまう子にもおすすめです。荷物で手がふさがることもなく、傘が必要な雨の日も安全です。

●ランドセルアンダーバッグ Ranba（ランバ）/4,620円（単品）〜5,390円（セット）/未来工房 結 ☎050-3825-6723

## できる！
## ポイント

○ 目印があるのでわかりやすく、なくしにくい。

○ ランドセル専用のバッグにひとまとめにできるので、置き忘れがなくなる。

「できたね」の言葉が増える

# 言われなくても動けるよう 「見てわかる」工夫を 取り入れましょう。

立ち位置に足形や線があれば、言われなくてもその位置に立てます。やることが具体的に書き出されていれば、確認しながら動けます。言葉でイメージしづらいことも、絵にすると伝わる子がいます。子どもがわかり、自分で動ける工夫があると、保護者の言葉かけも前向きになります。

### 座る位置にテープを 貼って目印に。

「テレビから離れなさい」と注意するより、ちょうどよい距離を具体的に示しましょう。貼ってはがせる養生テープやマスキングテープがおすすめです。テープの上に「ここまで」などと文字を書くと、より効果的です。

●養生テープ / メーカー問わず

養生テープは、タンスにしまうものを書いて貼れば分類シールに、文字を書いて名前シールに、床に貼って矢印を書くなど、さまざまな視覚支援に使えます。

佐藤先生からひとこと

・口で注意するより「見てわかる」ように。
・リストや絵にするなどして
自分から動けるよう工夫を。

## 口うるさく指示せずに、
## することを書いて、
## 子どもが自分から動けるように。

親が言わなくても書いてあることを見せるようにしましょう。「やること」は、できるだけ具体的に書くと動きやすくなります。「パジャマをたたむ」「ランドセルをたなにおく」など具体的に書かれていると、やがて習慣にもなりますね。

●やること付せん〈L〉/462円/（株）デザインフィル
ミドリ　https://www.midori-japan.co.jp

## 言葉よりも絵が伝わりやすい子へ。
## 学校のあらゆる場面を
## 想定した絵カード。

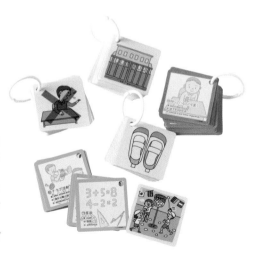

小学校生活に必要な「場所」「行動」「禁止」「教科・行事」「学校必需品」の5つのカテゴリーに分かれた絵カード。裏面は4か国（日本語・英語・中国語・ポルトガル語）でイラストを説明。子どもにあわせて使えます。携帯しやすい小型サイズで2個のリング付き。

●パッと行動支援絵カード 学校生活編/4,000円/
TOSSオリジナル教材　☎0120-00-6564

でき゛る！
ポイント

○「見てわかる」から、自分から動ける。
○言葉でイメージできなくても、絵でわかる。

## 見通しがつくようになる①

# 1日、1週間、1か月。子どもの理解力にあわせて段階的に伝えましょう。

日にちや曜日、1週間、1か月という抽象的な単位を「見える化」したのがカレンダーです。「いつ、何があるのかわからない」という不安が強い子に、「見通しを立てるための道具」としてカレンダーの活用を。子どもと一緒に書き込んだり、シールを貼ったりしてうまく活用してみてください。

罫線、数字ともにシンプルで見やすいデザイン。

罫線、数字、曜日ともに見やすいデザインのカレンダーです。壁掛け用と卓上用は同じタイプを使うようにします。1週間の始まりの曜日が違っていると混乱のもと。
● NOLTY カレンダー 卓上 21 ヨコ型 B6 サイズ〔C214〕/902 円　壁掛け 14 ヨコ型 B4 サイズ〔C115〕（写真奥）/1,155 円 /（株）日本能率協会マネジメントセンター https://nolty.jp/customer/ ※価格、スペックは 2023 年 11 月現在のものです。

行事などの予定を「この日は遠足だね」というように
最初は一緒に書き込むようにし、慣れてきたら自分で書き込むようにして、
見通せる先を徐々に長くしていきましょう。

## 1日と1週間を見通せるスケジュール帳。使い方も教えて。

その日の予定や、やることが書き込めます。最初は1日だけの予定を、慣れてきたら1週間の予定を段階的に伝えるようにします。与えるだけではなく、使い方も教えてください。ノート式ですが、机に立てても使えます。

● TSUKURIRO B6 ウィークリー スケジュール帳 / 980 円 / (株)ベイアンドアリー　☎ 0898-47-0576

佐藤先生からひとこと

最初は「今日」という単位で予定を。慣れてきたら「明日」の予定、そして1週間、1か月と見通せるよう長さを変えていきましょう。

## シンプルで書き込みやすいデザイン。1か月の長さをイメージできるノート。

ひと見開きで1か月のノートです。予定を書き込むのもよし、シールを貼るのもよし。予定だけではなく、先の日のお楽しみも書き込むと、「あと何日」でお楽しみの日という見通しを持つこともできます。

● コクヨキャンパスダイアリーマンスリー 2023 年版ノート A5/495円　A6/440円、2024 年版ノート A5/517円　A6/462円 / コクヨ(株)
☎ 0120-201-594

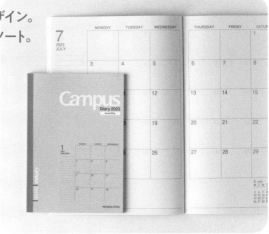

## できる！ポイント
○ 予定表やカレンダーの単位を少しずつ変えることで、見通しを持てるようになります。

見通しがつくようになる②

# ポケット付きのカレンダーで見通しを立てつつ、忘れ物の防止にも活用。

カレンダーにポケットが付いていることで、さまざまに活用することができます。ポケットに予定やその日に持っていくモノのメモを入れておくと、モノと曜日や日付が一致。見通しだけではなく忘れ物防止用のカレンダーにもなります。

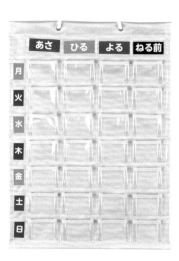

## 薬の管理だけではなく、忘れ物防止にも役立つお薬カレンダー。

薬を管理し飲み忘れを防ぐカレンダーです。曜日ごとに分かれたポケットは、薬だけではなく、その日、学校に持っていくモノのメモ書きを入れておくと忘れ物防止にも。1週間の見通しを持つことにもつながります。

●お薬カレンダー M サイズ /2,024円 / ナカバヤシ(株) ☎ 0120-166-779

親子で確認しあいながら、ポケットにメモや持っていくモノを入れるようにしましょう。徐々に、子どもが自分でポケットに入れられるようにしていきます。

佐藤先生からひとこと

ポケットにメモ書きや持っていくモノを入れておくと

忘れ物防止に役立ちます。

## ポケットを使うことで、予定まで「あと何日」が わかりやすくなります。

ポケットにその日の予定のメモ書きを入れておくと、予定まで「あと何日」を量感としてイメージできます。筑波大学附属大塚特別支援学校では、ポケットと同じサイズの半透明のカードを用意し、過ぎた日に入れておきます（写真右）。こうすることで、1か月の残りの日数の長さをイメージできます。「今日」が、1か月のどこに位置するのかもわかります。「昨日」「今日」「明日」の位置関係の見える化にも。家庭ならクリアケースをポケットサイズにカットして同じことができます。

● シーガルビニールポケットカレンダー /2,970 円 /（株）シーガル　☎ 03-6272-9480

で"きる！ポイント
○ ポケットだからわかりやすい。
○ 1週間、1か月の単位を実感しやすい。

障害児ママライター
べっこうあめアマミの
ミニレポ①

# 子どものお役立ちグッズは、ママのお助けグッズ。

重度知的障害を伴う自閉症がある息子ときょうだい児の娘を育てる2児の母、べっこうあめアマミです。発達に課題がある子どもを育てる私は、これまでさまざまな便利グッズに助けられました。道具ひとつで親子の負担が減るようなアイディアをご紹介したいと思います。ここで紹介するのは、私が実際に使って「助かった!」と思った便利グッズです。道具の力で育児のストレスや不安を、少しでも解消していきましょう!

## 歯固め代わりのタオル

息子は何でも口に入れ、かみつぶす癖があります。尖った破片が出るものは危なく、歯固めもかみ切るので困りましたが、タオルをかむことで落ち着きました。タオルはかんでも安全ですし、唾液を吸収するので唾遊びも減りました。ただ、誤飲の危険があるため、ハンドタオルかフェイスタオルくらいの大きさが適していると思います。

●参考商品

## うがいが難しい子のむし歯予防

すすがずそのままでも使えるフッ素入り薬用歯磨きです。発達がゆっくりな子はうがいの習得に時間がかかりますが、食べるものはどんどん大人同様に。そうなると心配なのはむし歯です。うがいができなくても歯磨き時にレノビーゴを使い、歯の健康を守ることができました。

●医薬部外品 販売名 レノビーゴ /1,546円 / ゾンネボード製薬（株） ☎ 0120-071-648

## かさばらずにサッと取り出せる！
## 使い方いろいろ便利なクリップ

幼い頃、息子はいつもスタイでは収まらないくらいの唾液が出ていました。ある時クリップでタオルを首まわりに留めたところ、スタイを替える手間がなくなってとても助かりました。息子の唾液が垂れることがなくなってからも、急な外食時のエプロンを即席で作れたり、帽子が飛ばないように留めておいたりと何かと重宝します。

●お食事エプロンのびるクリップ（調整可能型）/1,320 円 / フットマーク（株） ☎ 0120-210-657

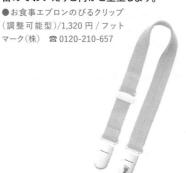

## おまるが汚れない?!
## トイレトレーニングのストレスを軽減

吸収ポリマーシートが入ったポリエチレン袋で、おまるの中に入れて使うと、排泄後にポリエチレン袋を外して捨てるだけで後処理ができてラクです。

おまるにあわせた形なので、サイズもぴったりでセットしやすいです。

きょうだいがいると、2 人同時にトイレトレーニングをする時期ができてしまうこともありますが、上の子はトイレ、下の子はおまるシートを入れたおまるに座らせて同時にトイレを促すことができるのは便利でした。

●ベビーおまるシート / オープン価格 / スズラン（株） ☎ 0120-603-855

## スニーカーみたいに履ける、
## 面ファスナーの上靴

バレエシューズタイプ、スリッポンタイプ、面ファスナーテープタイプと、上靴にはいろいろなタイプがあります。

面ファスナータイプは履き口が大きく開くので、足を奥まで入れられなかった幼児期の息子にあっていました。

逆に面ファスナーの扱いが苦手な子もいるので、その子によってあう形を選んであげると、一気に上靴の着脱がラクになると思います。

● MOONSTAR 子供靴 MS リトルスター 02/ 各 2,750 円 /（株）ムーンスター ☎ 0800-800-1792

# Part 2

## 指先・手先、運動のこと

### ステップアップしながら活用する道具を替えて、前向きな気持ちになれるように。

「できた!」と子どもがその場で目に見えて実感できるのは、手を使っての作業であり運動です。

この章では、手先が器用でない子や運動を苦手と感じている子どもたちが「できた!」と思える道具をご紹介します。

ご紹介している道具は、ほんの一例に過ぎません。大切なのは、道具を活用して「できた」経験であり、少しずつステップアップしながら前向きな気持ちになれることです。

ボール投げを例にとってみましょう。目の前の的に向かってボールを投げる前段階として、次のステップが必要な子もいます。

的を狙ってボールから手を離す
↓
的を小さくしてボールを投げる
↓
的までの距離を広げる

　ステップにあわせて活用する道具も替わってきます。そしてこのステップもまた一例に過ぎません。一人ひとりの子にあわせたステップがあるはずです。

　特別支援教育で大切にしているのは「個別の目標設定」です。一人ひとりの子どもにあわせた（専門的には「子どもの実態」）目標とそのための手立てがあることで、子どもたちは「やればできるんだ」という気持ちになれます。投げ出すことなく継続していきます。

　ぜひ、子どもの発達にあわせた道具を選んで、「子どもが前向きな気持ちになれるようにしてください。

上手に切れた！

# 指を入れずに握って切るタイプ、曲線がきれいに切れるタイプなど、ハサミにあわせるのではなく、その子にあったハサミを。

手先、指先を細かく動かすのが苦手な子にとって、ハサミはとても使いづらい道具です。一般的なハサミで苦手意識を強めるのではなく、子どもが使いやすいハサミを選んで「切る」楽しさを味わえるようにしてあげてください。

難しい曲線がラクに切れる刃先。
右きき、左ききどちらもOK。

カーブや円形を切るのは、加減しながら切ることに加えて、支える手もうまく動かさなくてはいけないので、なかなか難しい課題です。カーブ専用のハサミを使ってみてください。曲線にそってハサミを入れると、カーブや円をストレスなく切れる刃先です。柄が左右対称のため、右きき、左ききどちらでも使いやすい形状です。

●カーブはさみ〈140〉/3,300円/クロバー（株）☎ 06-6978-2277

ハサミ全般が使えないのではなく、使えるハサミがあることを教えて。使えるハサミがあれば、自信をなくすこともありません。

36

佐藤先生からひとこと

ハサミを使った授業が苦手にならないように、子どもが使いやすいタイプを。あらかじめ担任の先生に伝えておくとよいと思います。

## 握っても、置いて指かけを押しても切れる幅広の柄。

ハサミの柄に指を入れて切るのが難しい子や、握力の弱い子に。ハンドルを握るだけで切れます。ハンドル部分は幅広で自立するため、握力の弱い子や手が不自由な子は、ハサミを置いて指かけの部分を押して切るなどいろいろな使い方ができます。右きき、左ききどちらでも使えます。

●みんなのはさみ mimi/ オープン価格 / 日本利器工業㈱ ☎ 0575-22-3311

## 指を入れずに、少しの力で切ることができます。

柄の部分に指を入れずに使うループ型。力を入れなくても切れるので、力の弱い子にも使いやすいハサミです。右きき、左きき関係なく使えます。

●かんたんループハサミ（安全カバー付）/437 円 /㈱アーテック ☎ 072-990-5656

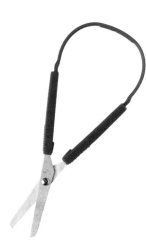

## できる！ポイント

○ 指を入れなくても握るだけで切れる。
○ きき手に関係なく切りやすい。
○ カーブが切りやすい。

# 刃先数ミリ。
# 力加減が難しい子でも、
# 安全に切れるカッターです。

カッターで切るには、紙の厚さに応じた微妙な力加減が必要。でも、危ないからと使わせないのではなく、力の加減に関係なく安全に使えるカッターを。持ちやすく、刃先がわずかしか出ないタイプのカッターなら安全に使えます。

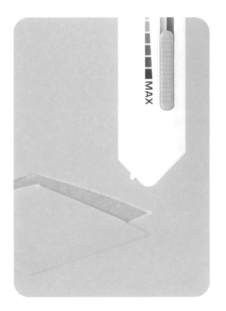

**力加減に左右されずに
1枚だけ切れる
カッター。**

新聞や雑誌の切り抜き用カッターです。内蔵されたバネが刃にかかる圧力を一定に保つため、力加減が安定しなくても深く切ることはありません。
●キリヌーク / オープン価格 / オルファ（株） ☎ 06-6972-8101

紙が動いて安定しない時は、カッターマットを使うと安定した状態で切れます。

ボタンを押して引くだけで、
切ることができます。

パソコンのマウス型のカッターです。ボタンを押して線を引くように刃先をあてると切ることができます。曲線も切りやすく、刃先がわずかしか出ないので安全。握りやすくて使いやすく、きれいに切れます。

● Line（ライン）/1,650円/長谷川刃物（株）　☎0575-22-1511

できる！
ポイント
○刃先数ミリなので安全。
○深く切りすぎない。
○持ちやすいので、切ることに集中できる。

# 簡単なものから、少しずつ難易度を上げて成功体験を重ねましょう。

けん玉は、目と手の協調運動やバランス感覚が必要です。けん先に玉をさす木製のけん玉が難しい子には、軽くて扱いやすいものを。子どもの発達にあわせて成功体験を味わえるようにしましょう。

持ちやすく、玉が入りやすい大きなポケット。

軽いプラスチック製で持ちやすい形状。けん先にさすのではなく、大きな玉を大きなポケットでキャッチする感覚で。成功体験を得やすいけん玉です。

● 簡単プラけん玉 /440 円 /(株)アーテック　☎ 072-990-5656

安価なものなので、
複数用意して家族で楽しむのも
よいでしょう。

40

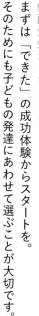

佐藤先生からひとこと

まずは「できた」の成功体験からスタートを。そのためにも子どもの発達にあわせて選ぶことが大切です。

あたるのを怖がる子に。軽くてソフトな素材です。

あたっても痛くないソフトな素材です。慣れてきたら、穴の手前と向こうと交互に玉を入れてステップアップする楽しみも。学校でよく使われますが、家庭用にもおすすめです。

● EVA クリスマス & お正月けん玉 /451 円 /(株)アーテック　☎ 072-990-5656

**できる！ポイント**

○ ソフトな素材なのであたっても痛くない。
○ 玉をキャッチしやすい作りなので、達成感を得られます。

ボール遊びがおもしろくなる

転がらない「ボール」。
滑るパッドで
蹴る感覚をつかむ。

蹴る動きを体得するための
パッドです。滑りやすい素材
なので少しの力で蹴っても動
きます。ボールを蹴る前段階
として。室内で蹴って遊ぶこと
ができます。

●キックルパッド /3,850 円 / ミズノ
（株）☎ 0120-320-799

ドッジボールが怖い子に
スポンジが芯のやわらか
ボール。

あてられると痛いからと、ドッ
ジボールに恐怖心を抱く子に
おすすめのソフトタイプ。スポ
ンジを芯に、表面をポリウレタ
ンでコーティング。手でつぶせ
るほどやわらか（写真上）で
す。直径約 18㎝。

●ソフトフォームボール /3,850 円 /
トーエイライト(株) ☎ 048-921-1211

# 子どもの発達にあわせた
# ボールを選ぶと、遊ぶ楽しさ
# を体験できます。

ボール遊びが苦手な理由はいろいろです。たとえば、
力加減がうまくいかずにボールを蹴ると思わぬ方向に
飛んでしまったり、ボールがあたると、とても痛く感じ
るため、ボールに恐怖を感じたり。でも、その子の発
達や特性にあわせたボールがあれば楽しく遊べます。

硬いボールはあたると痛く、
恐怖心を抱く子もいます。やわらかなボールで
ボール遊びを楽しめるようにしてください。

蹴ってもあたっても
痛くない、
ふわふわ素材のボール。

直径10㎝、ふわふわとした
やわらかな素材の小さなボー
ルです。室内でも公園でも遊
ぶことができます。あたっても、
蹴っても痛くないので、恐怖
心なしでボール遊びを存分に
楽しめます。
●やわらか KIDS ボールS /572 円 /
(株)サクライ貿易　☎ 03-3862-7701

体にあたっても痛くない
サッカーボール。

通常のサッカーボールよりや
や小さい直径 20㎝。ポリウレ
タン素材でソフト、体にあたっ
ても痛くないサッカーボールで
す。蹴る力の弱い子にもおす
すめ。
●ソフトサッカーボール PU20 品番
ETA055/2,530 円 /(株)エバニュー
☎ 03-3649-3052

佐藤先生からひとこと

あたっても痛くないけど、他の子にあたった時は「ごめんね」と伝えられるよう、そっと見守ることも大切に。

で゛きる！
ポイント

○ あたっても痛くないから、怖くない。
○ 蹴りやすい硬さを選べる。
○ ボールを蹴る前段階の練習ができる。

# Part 3

## コミュニケーションのこと

### 手立てはいろいろあっていい。大切なのは、無理なく、安心してやりとりを経験すること。

　コミュニケーションというと話し言葉のやりとりだけを思い浮かべるかもしれません。でも、私たちは、普段メールや絵文字、スタンプなどさまざまな手立てを使って相手とやりとりしています。

　伝え方にはさまざまな選択肢があることを前提に考えることが大切です。

　この章では、さまざまなコミュニケーションの手立てとなるものをご紹介しています。

　伝えるだけではなく、受け手の反応もまたコミュニケーションを深めるうえで大事な要素です。しかめっ面で聞かれるよりも、素っ気ない返信を受け取るよりも、相手のことを思いやる温かな表情や仕草、言葉遣いな

どを丁寧に考えたいと思います。

「コミュニケーションに課題がある」「自分の思いを相手に伝えることが苦手」などは、その子の具体的な指導支援を考えるうえで、基礎情報になります。特別支援教育では「実態把握」などということもあります。

翻って私たち自身はどうでしょうか?

初対面だったり、苦手な相手だったりすると、よりストレスを感じやすくなり、自分の思いをうまく伝えられない場合があります。このように考えると、私も含め、誰もが自分事として、コミュニケーションのあり方を考えることができるのではないでしょうか。

課題意識を持って具体的に接するというのではなく、まずは無理なく、安心してやりとりを経験することがもっとも大切だと考えています。

発
信
が
楽
し
く
な
る

# 遊び感覚のある「道具」を使って体験。

録音できたり音が鳴る教材や玩具は意思疎通の道具としても活用できます。遊びを通して、やりとりの楽しさを感じることが大切。安心して発信できます。録音機能のあるものは特別支援学校でも使っています。

## 録音した声を再生、返事の代わりにブザー音。

音声や音楽を録音でき、ブザーボタンを押して再生。「トイレに行きたい」など短いフレーズを録音しておき、必要に応じて意思表示を。ブザー音は4種。返事の代わりにボタンの早押し競争など、クイズ遊びとして楽しむこともできます。
● 録音可能アンサーブザー /5,478 円 /（株）ドリームブロッサム　info@dreamblossom.jp

話す楽しさや感情を吐き出すツールとして録音できる玩具を活用してみてください。

佐藤先生からひとこと

録音ツールは教師が録音して、必要な時に発信する道具として使うこともあります。

## かわいい声でモノマネ。
## 話すのが楽しくなるペット。

話しかけると、かわいい声で再生されます。マネする声がかわいいので何度でも話したくなります。また感情を吐き出したい時にもおすすめ。マネされることで冷静に自分を振り返るきっかけにもなります。

●ミミクリーペット（和犬）/3,520円/(株)タカラトミーアーツ　☎0570-041173　©T-ARTS

## ボタンを押すのが好きな子に。
## バスに乗る時の学習にも。

降りる意思表示をするのがバスボタンです。ボタンを押すのをおもしろがってしまう子には、バスでのマナーを教えるツールにもなりますね。

●いつでもピンポンバスボタン/1,540円/(株)トイコー
☎03-3622-8101

## できる！ポイント

○人前で話すのが苦手でも録音ツールで発信。
○録音ツールで教師とコミュニケーションを取れる。
○遊び感覚だから発信しやすい。

## できた！夢中になれた

# 魚釣りゲームは達成感を得ながら、親子の会話が生まれるゲームです。発達段階にあわせて選びましょう。

親子で気軽に遊べるゲームのひとつに魚釣りゲームがあります。簡単なものから、ちょっとしたコツが必要なものまでさまざま。子どもの発達段階にあわせて選びましょう。親子で会話しながら、達成感をともに喜ぶ機会となります。

力加減の練習にもなる
フィッシングゲーム。

魚は12ピース。竿は2本。木製のカラフルな魚たちを磁石付きの竿で釣り上げるゲームです。微妙な力を加減する練習にもなります。デザインが美しいフランス製。
●カラーフィッシングゲーム/3,960円/（株）モーカルインターナショナル info@morkal.co.jp

お風呂はコミュニケーションの場になります。
「○匹釣れたね！」など成功をほめてください。

## 竿で釣るタイプ。
## 近づけるだけで釣れる磁石式。

お風呂にプカプカ浮かんだ魚たちを竿で釣って遊びます。磁石式なので、近づけるだけでピタッとくっ付き「釣った」達成感を得ながら楽しむことができます。

● munchkin フィッシング・バストイ /1,980円 /(株)ダッドウェイ ☎ 0120-880-188

佐藤先生からひとこと
子どもが成功体験をつかみやすいものを基準にすると楽しく遊べます。

## すくいやすく、投げ入れやすい
## 大きなネット。

金魚すくいのように、お風呂に浮かんだ魚たちを網でキャッチ。釣るのが難しい子におすすめ。吸盤で網を壁につけて玉入れにして遊ぶこともできます。魚は口から水が出る水鉄砲に。

● munchkin おさかなキャッチネット /1,430円 /(株)ダッドウェイ ☎ 0120-880-188

## 太いフックで釣り上げ、
## 磁石より難易度高め。

魚の口の輪に釣り竿のフックを引っ掛けて釣り上げます。フックは3方向に分かれているため釣りやすい形状ですが、磁石式よりもややテクニックが必要。

●おふろで魚つり /1,430円 / ローヤル(株)
☎ 0120-101-982

## できる！ポイント
○ すくいやすいから成功体験をつかめる。
○ キャッチしやすい磁石式。
○ 釣りやすい太い3方向のフック。

協力しあって楽しく遊ぶ

# 全員参加できて、できあがりが楽しみなパズルやカードを。

協力しあってひとつのものを作りあげる体験ができるパズルやカードです。形あわせや名前あてクイズ、ぬり絵など遊び方もいろいろ。参加メンバーにあわせて楽しめます。

## 2片のピースを合わせて生き物の形が完成。

たった2片のパズルですが、形を完成させる楽しさを分かちあうことができます。生き物は40種類。裏面に生き物の名前が書かれているので、名前あてクイズも楽しめます。
●北星社 いきものあわせ みぢかないきものみつけた /1,870円 /(株)北星社
☎ 0796-22-4141

ぬり絵カードは上手にぬる必要はなくぬれただけでほめてください。参加するだけでよしとしましょう。

佐藤先生からひとこと

絵あわせシリーズは、乗り物、動物園などいろいろな種類があります。

子どもの好きなものなら、じっくり遊べます。

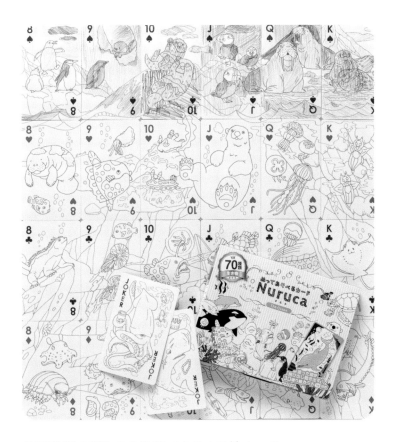

## 共同作業の楽しさを体験できるぬり絵カード。

イラストの部分がぬり絵になったトランプカードです。好きな色に
ぬって並べると海の一枚絵に。共同作業で完成させる喜びを体験
できます。トランプとしてはもちろん、生き物の名前あてゲームなど、
さまざまに遊べます。※一部デザインが変更になる可能性があり。

●カードゲーム Nuruca~ ヌルカ ~/1,430 円 /(株)北星社　☎ 0796-22-4141

で゛きる！
ポイント
○みんなで楽しく遊べる。
○大きくてわかりやすい。
○イラストがヒントになる。

# わかりやすい絵で遊びながら、言葉や文字に親しめます。

ひとりでドリルに向かうのが難しい子でも、みんなと遊びながらなら言葉や文字に親しむことができます。絵や文字が大きく、親しみやすい犬棒カルタや百人一首がおすすめ。幅広い年齢層で楽しめます。

## 絵も字も大きくて、わかりやすいカルタ。

小さな手でも持ちやすい小型です。絵札の絵が大きく、読み札の文字も大きく、誰もが参加しやすい犬棒カルタです。書かれていることわざを解説するなどしても楽しく遊べます。

●北星社 犬棒かるた /1,100 円 /（株）北星社　☎ 0796-22-4141

カードの枚数は子どもに応じて調整するようにしてください。最初は3組くらいからでも。できるようになったら少しずつ増やします。

佐藤先生からひとこと
ことわざや百人一首は難しいと思われるかもしれませんが、わかりやすい絵や絵あわせタイプなら気軽に遊べます。

## 上の句と下の句の絵あわせ、発達に応じた遊び方ができます。

読み上げて取るのもよし、絵あわせゲームのようにして上の句と下の句の絵札を取るのもよし。句の意味がわかる親しみやすい絵柄。子どもの発達に応じて遊べます。読み上げ動画のコード付き。

●北星社 えあわせ百人一首／上・下巻各 1,100 円／(株)北星社
☎ 0796-22-4141

できる！ポイント
○みんなで楽しく遊べる。
○大きくてわかりやすい。
○イラストがヒントになる。

できる道具
Part 3
コミュニケーションのこと

「聞く」「話す」を楽しく

# 2択の中から選んで答えるゲーム。勝ち負けはありません。お互いを知る機会になります。特別支援学校発の教材。

筑波大学附属大塚特別支援学校で使われている教材を製品化。2択から選択して答える、参加しやすいゲームです。話を聞いてもらえる喜び、聞く楽しさを通して心地よいコミュニケーションを体験できます。

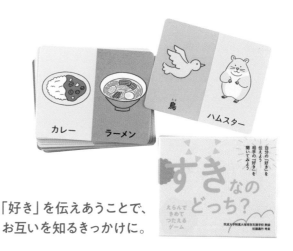

「好き」を伝えあうことで、お互いを知るきっかけに。

食べ物や動物、乗り物など具体的で身近なものから、季節や土地など抽象的なものまで2択から選んで好きな理由を答えます。お互いを知る機会になりますが、答えを言語化することで自分自身の理解にもつながります。

● すきなのどっち? 佐藤義竹考案 /2,750 円 /(株)tobiraco　☎ 03-6425-6912

「やりとりを楽しむ」のが原点です。
子どもが安心して話せる雰囲気作りをしてください。

## 「やってみたい！」前向きな気持ちを引き出すゲーム。

「宇宙飛行士とアルピニスト」、もし体験できるならどっち？　を答えるゲームです。「できっこない」というネガティブな思考ではなく、「やってみたい」という前向きな気持ちがゲームを盛り上げます。

●トライゲーム やってみたいのはどっち? 佐藤義竹考案/2,750 円 /(株)tobiraco　☎ 03-6425-6912

## 「聞いている」を見える化。話し手に安心感が生まれます。

聞き手がボードを使ってリアクション。「なるほど〜」「いいね!」などポジティブな言葉が8種書かれています。リアクションがあることで話し手が安心して話せます。

●きもち・つたえる・ボード 佐藤義竹考案 /2,420 円 /(株)tobiraco　☎ 03-6425-6912

## できる！ポイント

○「黙って聞く」がルールだから話しやすい。
○ イラストを見て答えるだけだから簡単。
○ 競わないから自分のペースで楽しめる。

# 伝える方法はいろいろ。子どもが伝えやすい手立ての工夫を。

コミュニケーションのあり方は多様です。伝え方もいろいろな手立てがあります。話すのが苦手なら書いて伝えることもできます。手をあげるのが苦手なら他の方法があります。子どもが安心して（できれば楽しく）やりとりできる道具を選んでください。

## 筆談でのやりとりに。カバンに入る薄型。

言葉でのやりとりが難しい子には、筆談という手立てがあります。緘黙（かんもく）の子が先生に伝えたり、先生が聴覚障害の子に伝えたり。書いてボタンひとつで消去できるボード。持ち運びに便利な軽量薄型です。
● Boogie Board（ブギーボード）
BB-1GX/4,950 円／（株）キングジム
☎ 0120-79-8107

子どもが伝えやすいよう、安心して話せる雰囲気作りが大切です。

佐藤先生からひとこと
子どもがやりとりしやすい方法について
先生と情報共有を図りましょう。

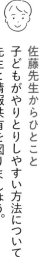

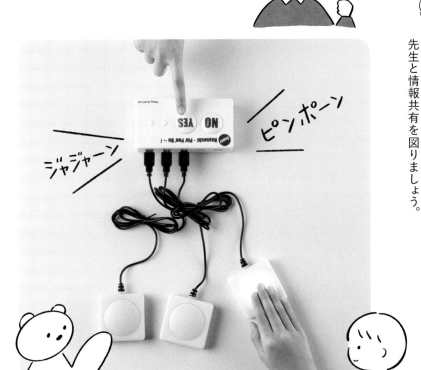

ジャジャーン

ピンポーン

## クイズ番組のような楽しさ。
## 早く押した人だけ点滅。

問題を聞いて一番早く押した人のボタンだけが点滅して答えることができます。正解ならピンポーン、不正解ならブッブーブーなど。クイズ番組のような遊び感覚で参加できます。

●スーパーハヤオシピンポンブー 赤セット（子機2個付き）/7,150円/(株)プレイアベニュー　☎03-6231-4012
※写真は別売の子機1個（1,430円）を設置。

### できる！ポイント
○話すことが苦手でも書いて伝えられる。
○遊び感覚のボタンだから参加しやすく楽しめる。

# 自分も、まわりも喜ぶ

# 感謝したり、されたり、お手伝いはコミュニケーションの基本。

お手伝いは子どもをほめるいい機会にもなります。お手伝いが終わったら、必ず「ありがとう」「助かったよ」などと感謝の言葉をそえるようにしてください。自分のしたことで相手の反応を受け取ることがコミュニケーションの基本となります。感謝されることで自己肯定感も高まります。

## 力のない子でも簡単、達成感を得やすいお手伝い。

取ったゴミが見えて床もきれいになるので、成果がわかりやすいお手伝いです。シートの取り付けが難しければ手伝うようにしましょう。柄は子どもの身長にあわせて調節できます。

●クイックル　マグネットワイパー /
オープン価格 / 花王（株）
☎ 0120-165-693

無理のない範囲でやることが大事。
疲れたら休むようにしましょう。

## 目と手の動きの経験を重ねられます。

洗濯物を見分けて、ピンチをつまんで、干す。カラーピンチなら、ひとつの洗濯物を同じ色同士のピンチで干したり、ブルーはママの靴下、黄色は僕の靴下というようにマッチングも。

●お魚ピンチハンガー 12ピンチ /550円 /(株)シービージャパン
☎ 0120-934-699

## メニューにあわせて必要なカトラリーを想定。

カトラリーを並べてもらいましょう。カレーライスならスプーン。ママの箸、私の箸。メニューや家族にあわせて考えながらの準備です。カトラリーはひとまとめにしてテーブルに上に置いておくと並べやすくなります。

●参考商品

## 靴をそろえたくなる靴置きステッカーで、玄関の靴並べ。

靴置きステッカーがあると思わず靴を置きたくなります。「自分の靴並べようね」から始めて、習慣になってきたら、家族の靴もそろえるようにしましょう。かわいいオリジナルシール付きです。

●あしあわせステッカー（玄関用）/1,000 円 / 太美工芸（株）☎ 052-503-3231 販売は楽天市場にて。ショップ名「人を助ける印刷屋さん」

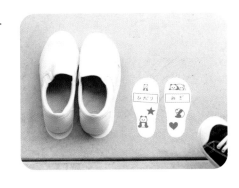

できる！ポイント
○成果が見えるので達成感を得やすい。
○負担にならないから続けられる。
○家族に感謝されるから自己肯定感が高まる。

### 放課後等デイサービスを訪ねて

放課後等デイサービス
ソラアル SSE 施設内。

絵本の読み聞かせをする河髙康子さん（ソラアル取締役）。

## 一人ひとりの体調や特性にあわせたオーダーメードの支援。

放課後等デイサービス（放デイ）では、どのような道具を使っているのでしょうか。療育、学習支援の両方に力を入れている放課後等デイサービス ソラアル SSE（ソラアル 東京都葛飾区 2015 年開設）を訪ねました。NHK の番組にもたびたび登場し療育の様子が放映された施設です。療育や学習支援のスーパーバイザー、言語聴覚士、作業療法士、音楽療法士等の専門家をスタッフに迎え、質の高い支援を行っています。ソラアル設立者で取締役でもある河髙康子さんに話を聞きました。

放課後等デイサービスとは。学校通学中の障害児に対して、放課後や夏休み等の長期休暇中において、生活能力向上のための訓練等を継続的に提供することにより、学校教育と相まって障害児の自立を促進するとともに、放課後等の居場所づくりを推進。（厚生労働省ウェブサイトより）

コンディション

## 心身を整えるのも支援。

ソラアルでは、子どものコンディションを整える
ことも支援のひとつとして大事にしています。外
の気温に体が対応できずに、体温の調節がうま
くいかない発達障害の子は少なくないそうです。
体温調節がうまくいかないことに加えて感覚鈍麻
（感覚刺激を感じにくく、感覚刺激に対しての応
答も少ない特性。「低登録」ともいう）が重なると、
夏は暑さを感じにくく、冬は体が冷えきって活動
することができなくなります。

アロマの足浴で
リラックス。

アイスバッグで
熱中症予防。

夏、子どもが真っ赤な顔をし
ている時には、まずアイスバッ
グで首の血管を冷やします。
暑さに鈍感で、気づいた時に
は熱中症ということもあるた
め、アイスバッグは常備してい
つでも使えるようにしています。
●アイスバッグ / 量販店、大手通販
などで販売

暖房でも体が
温まらない子に。

暖房で室温を上げても体が冷
えたままの子は湯たんぽで体
を温めてからストレッチを。手
足の末端が冷えて軽い凍傷に
なっても、感覚鈍麻のため気
づかない子がいるそうです。
●蓄熱式 エコ湯たんぽぬくぬく（ア
ニマル）EWT-2144/3,938円/スリー
アップ（株） ☎ 0570-00-5456

緊張の強い子どもたちに、リ
ラックスして「気持ちいい」感
覚を伝えたいと、ソラアルで
はアロマオイルを活用。写真
は、バケツにお湯を張り、エッ
センシャルオイル（精油）を3
〜4滴垂らして足浴。冬は、冷
えきった手を浸す手浴も。
●療育アロマ ブレンド精油「おだや
か」/2,750円/（株）tobiraco ☎ 03-
6425-6912

## ゲーム

### コミュニケーションのツールとして。

アナログゲームを純粋に楽しむのはもちろんですが、ルールについても友だちと何度も遊ぶうちに自ら守ろうと思うきっかけになっていると感じます（河髙さん）。

カードの質問に答え、まわりは黙って最後まで聞くのがルール。子どもたちが話したくなるゲーム。
●トーキングゲーム /2,750 円 / ㈱ tobiraco
☎ 03-6425-6912

## 絵本

### 子どもの興味・関心にあわせて。

ソラアルは、絵本だけで 250 冊以上常備。子どもの発達や興味関心にあわせてそろえています。「絵本は、視覚、聴覚を使い、文字にも親しめる」と河髙さん。短時間で読み終わるので活動の切り替えにもなるそうです。

ひゃっぴきいっしゅ。「あおいコアラ」というように、読み上げられた動物が描かれたカードを取るゲーム。「聴覚→視覚→手を動かす」の流れを正確に。商品スペックは下の商品群に。

### 幅広い年齢層で遊べるゲーム。

時計回りに●ひゃっぴきいっしゅ /1,280 円●ビンゴゲーム・雲の上のユニコーン /2,200 円●おさかなクン /1,500 円●コーンジラ /1,738 円 / 販売はすべてさいころテーブル　☎ 048-999-5480
https://saikoro-table.com/

## カームダウン

### ひとりになって気持ちを落ち着かせたい時に。

パイプの枠をキャンバス地の布で覆い、家庭用のプラネタリウムを置いています。座って星空を眺めるような感覚でカームダウン（気持ちを落ち着かせる）できます。

●家庭用プラネタリウム／ 3,000 円程度～／量販店や大手通販サイトで

読み書き

## 心理的ハードルを低くして、読み書きに親しめるように。

放課後等デイサービスは、学習塾ではありません。ソラアルでは、勉強を教えるのではなく「こうすればできるよ」と子どもが自信を持てる方法を伝えています。読み書きは、「頑張れば読めるし、嫌だけど書ける」という子が多いと河髙さんは感じています。このような子どもたちのため、読み書きの心理的なハードルが下がる支援をしています。

### 作文を苦手とする子に「書く楽しさ」と「達成感」を体験できるドリルを。

文章を組み立てて書く作文に苦戦する子たちが楽しんでいるそうです。長い文章は書けなくても、ストーリーを考えながら、吹き出しにセリフを入れることで、その子の考える物語ができあがり、書く楽しさを体験できます。このような達成感を体験できる支援も、放デイならではです。

●空想作文ドリル /1,430 円 /Gakken ☎ 0570-056-710

### 書かずに、触って文字を覚える「触読シート」。

書くことに抵抗のある子が、触って文字の形を覚える「触読シート」を使うと「文字が入っていく」そうです。読み書きのできなかった小学2年生の子が、夏休み1回 10 分週3回、触読シートを使ったところ、夏休み明けに読み書きができるようになったとのこと。すべての子に有効というわけではありませんが、書いて覚える反復練習が難しい子には別の方法があるということです。

●触るグリフ　触読版シート /6,800 円〜 12,800 円(セット内容によって変わります) /(株)宮﨑言語療法室
https://sawaruglyph.com　☎ 050-3556-3047

取材協力／放課後等デイサービスソラアル SSE
http://solarsse.co.jp/

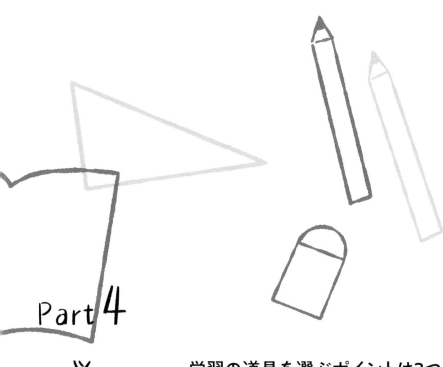

# Part 4

## 学習のこと

### 学習の道具を選ぶポイントは3つ。「できる」を引き出す、自信を深める、見通しと安心感。

　学習にかかわる道具は数が多く、本書で紹介しているのは一部ですが、大切にしたのは次の3点です。道具選びの参考にしていただければと思います。

### ①その子の「〜できる」を引き出すこと

「○○障害だから、この子には〜」というのではなく、大事なのは子ども一人ひとりの得手不得手を見極め、苦手さを道具で補う視点です。

　ただ、ここで気をつけたいのは、「苦手」という言葉の多用です。苦手は環境（本書では道具）とのミスマッチと捉えることができます。「苦手を解決するための道具」ではなく、「こうありたいという姿につなげるための道具」として考えたいと思います。

## ②スモールステップで自信を深め達成感を得られること

　特別支援教育はスモールステップをとても大事にしています。いきなり難しい課題に挑戦するのではなく、本人ができる、できそうと思える課題から始め、自信を深め、達成感を得ることができるようにします。このような積み重ねを通して、次も頑張ろうとする意欲など、本人の主体性を育むようにしています。

## ③見通しがつき、安心できること

　また見通しも大事にしていることのひとつです。いつ終わるのかがわかると安心です。もう少し頑張ってみようかなというように前向きな姿につながります。そこで、見通しの伝え方、示し方の工夫が必要です。見てわかるように表示したり書き示したりすることで、本人が自分のペースで状況に応じて確認できるようになります。

# 注意するよりも工夫のある鉛筆や補助具の活用を。

鉛筆は決して使い勝手のいい筆記具ではありません。だからこそ、持ちやすくするための補助具や練習具が販売されています。鉛筆そのものに工夫が施されていたりもします。その子に応じて、持ちやすい鉛筆や持ちやすくしてくれる補助具を活用しながら、書くことに取り組んでみてください。

## 窪みに指をのせるだけで、書きやすい角度で持つことができます。

人間工学に基づいたデザインの窪みに、指をのせると書きやすい角度で鉛筆を持つことができます。太めの三角軸で芯も太めで折れにくい仕様。写真は右手用ですが、左手用もあります。
●スタビロ 魔法のかきかた鉛筆イージーグラフ「スターターセット」（4本入り・鉛筆削り・消しゴム付き）/1,892円/（株）マークス https://www.marks.jp

子どもによって、補助具や練習具の使いやすさは違います。子どもと一緒に使いやすいものを選ぶことも大切です。

## 削りすぎなし、
## きき手に関係なく使えます。

鉛筆を差し込むだけで削ることができます。手回し式と違ってきき手に関係なく使えて、必要以上に芯が尖りすぎることもなく安心です。ACアダプターとどこでも使える電池の2way式。

●電動鉛筆削りき　えんぴつタイプ / オープン価格 / ナカバヤシ（株）☎ 0120-166-779

佐藤先生からひとこと

鉛筆の芯の濃さも大切です。書きやすい濃さのものを。やわらかくその子にとって書きやすい濃さのものを。

## 親指と人差し指の位置が
## キマる持ち方練習具。

鉛筆を差し込んで使う、持ち方の練習具。鉛筆を持つ時のポイントとなる親指と人差し指の位置がわかります。慣れたら外すようにします。右手用、左手用があります。

●もちかたくん /132円 /（株）トンボ鉛筆☎ 0120-834198

## フィット感があって
## 鉛筆が持ちやすくなる
## 窪み付きグリップ。

滑りにくい素材のグリップです。窪みにピタッと指に収まり、鉛筆を安定して持つことができるようになります。右手用、左手用があります。

●プニュグリップ /132円（3本入）/ クツワ☎ 06-6745-5611

**で゛きる！**
**ポイント**
○窪みがあるので、教えられなくても
　安定した持ち方に。
○滑りにくい素材のグリップだから持ちやすい。

書きやすくなるノート

# バランスよく書けない、ノートの色が眩しいなど理由はいろいろです。

最近は工夫のあるノートが数多く見られるようになりました。ここでご紹介するのは、ほんの一例です。文字をバランスよく書き写せるノート、光の反射を抑えるノート、滑りにくい下敷きです。ノートや下敷きを替えるだけで、書くことが楽になることを知っていただければと思います。

### マスの色をたよりに文字をバランスよく書き写せるノート。

小児科医と言語聴覚士が共同開発したノートです。マスの色にそって、書き始めの位置から書き終わりの位置までわかります。文字をバランスよく書けない子におすすめ。

●カラーマスノート /385 円 / 一般社団法人日本医療福祉教育コミュニケーション協会 ☎ 082-430-7751
※カラーマスは商標登録済

白い紙のプリント問題が眩しく感じる子には、色付きのコピー用紙でコピーすると目が疲れません。疲れない色は子どもによって違います。

佐藤先生からひとこと

担任の先生と相談し、
書きやすいノートに替えてみることも
ひとつの方法です。

## 白が眩しく感じて、目が疲れる子に
## 目にやさしい色のノートを。

白いプリントやノートだと目が疲れてしまう子に。このノートは視覚過敏のある100人の発達障害の人と試行錯誤しながら作ったノートです。

●まほらノート / セミ B5/374円　B6/462円　A6/396円　B7/286円 / 大栗
紙工（株）☎ 06-6752-0856

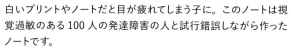

## ドット状の小さな凹凸が、
## 力加減を調整。滑らずに
## 安定して書けます。

作業療法士が考案した小さな
凹凸のある下敷きです。鉛筆
が紙の上を滑りません。鉛筆
の動きを指で感じられるので、
文字の形をイメージしやすくし
てくれます。A4、B5サイズあり。

●魔法のザラザラ下じき /715円 /
（株）オフィスサニー　https://
dekirubiyori.com/

でき**る！**
ポイント

○ 文字の位置がマスの色でわかるので書き写ししやすい。
○ 目にやさしい色だから疲れない。
○ 滑らない下敷きだから書きやすい。

のりで、うまく貼れた！

# ムラなくぬれる、貼ってもはがせるなど使いやすいのりを。

手先が器用でない子にとって、のりは扱いづらく、作業がうまくいかないと自信を失う原因にもなりかねません。ぬりすぎたり、ムラがあってうまく貼れなかったり。そんな失敗をしないで済む、さまざまなタイプののりをご紹介します。

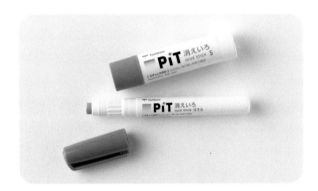

## はみ出しを色で確認、ムラなくぬれます。

ぬったところがブルーに。乾くと色が消えます。色がつくことではみ出しやぬり残しがわかるので、ムラなくきれいにぬることができます。ぬる箇所の幅に合わせて選べます。

●消えいろピット /110 円〜（写真上）　消えいろピットほそみ /165 円 / ともに（株）トンボ鉛筆　☎ 0120-834198

大人にとっても使いやすいのりです。ご家庭で常備して、子どもが使えるようにしてみてはいかがでしょうか。

佐藤先生からひとこと
液体のりやスティックタイプなど、子どもが使いやすいのりを
選べるようにしている学校もあります。

## 貼ってもはがせる、貼っても貼り直せる、
## 貼った瞬間に強力接着の3タイプ。

テープのりです。キャップ一体型のエッグシリーズと持ち方を選ば
ない楕円形のシリーズがあります。いずれも3タイプ。貼ってもき
れいにはがせるピットタック、貼ったあと1分以内なら貼り直せる
ピットリトライ、貼った瞬間に強力に接着できるピットパワー。子
どもの使い方によって選べます。

写真上段から●ピットタック、ピットリトライ、ピットパワー、左列エッグシリーズ
/ 各 220 円、右列楕円型の C シリーズ / 各 308 円 /(株)トンボ鉛筆　☎ 0120-
834198

で゛きる！
ポイント
○ぬった箇所を色で確認できるので、ムラなくぬれる。
○貼ったあとでもはがせるから失敗なし。
○ズレても貼り直しができる。

# 書くのが楽しくなる①

# 折れにくい色鉛筆、洗濯して落ちるマーカー、水で書く習字など、のびのび書（描）ける道具いろいろ。

服が汚れても洗濯すれば大丈夫。キャップがなくならないから安心。のびのびと楽しく書（描）ける道具を選びました。汚したり、なくしたりを気にせずに、書（描）く楽しさを存分に味わってほしいと思います。

## 手が汚れにくく芯が折れにくい、くり出し式色鉛筆。

プラスチックの軸に芯を内蔵。芯をくり出して描くので、手が汚れず、芯が折れにくく、子どもの手に持ちやすい太さです。
●くるりら /616円（8色セット）902円（12色セット）/ ぺんてる（株）
☎ 0120-12-8133

 墨でお習字の練習をしたい時には、洗濯で落ちる墨液もあります。汚れを気にしないで書けるようにしてあげましょう

72

## 服を汚す心配なし。
## 緊張せずに
## 練習できます。

筆に水をつけて付属の半紙に書くと墨で書いたような文字になります。乾くと文字が消えるので何度でも書けます。墨で服を汚す心配がありません。お習字の前段階にもなります。

●水でかんたんお習字セット / 1,980円 /（株）呉竹　☎ 0742-50-2050

佐藤先生からひとこと
汚しても洗えるマーカーは
親子ともに安心して使えます。

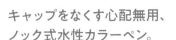

## キャップをなくす心配無用、
## ノック式水性カラーペン。

乾きにくいインクを使用しているためキャップ不要のノック式。きれいな色で描いたり染めたりできるカラー水性ペン。キャップをなくしやすい子にもおすすめです。

●クリッカート / 各110円 / ゼブラ（株）
☎ 0120-555335

## 洗って落とせるマーカー。
## 汚れを気にせず、
## のびのび描けます。

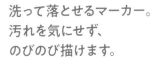

洗濯で落ちるマーカー。汚れを気にせず描けます。太マーカーとサインペンの2種。インクは食用染料なので安心。※生地・インクの色によっては落としにくいものもあります。

●洗たくでおとせるふとふとマーカー6色（写真左上）/ 1,045円 / 洗たくでおとせるサインペン12色 / 1,155円（株）サクラクレパス
☎ 06-6910-8818

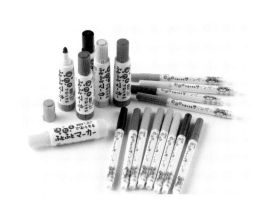

## できる！ポイント

○ 汚れても洗えるので緊張しないで描ける。
○ 汚しても怒られないから安心できる。

# 描くのが楽しくなる②

# 口に入れても安心、
# 手が汚れず、折れにくい
# クレヨンがおすすめ。

子どもにとって身近な画材はクレヨン。原料が安全であ
ることも選ぶ大事な基準になります。万が一口にするこ
とがあっても安心できるものとして野菜パウダーや天然
素材のワックスを使っているものをご紹介します。

## 万が一口に入れても安心。
## お米と野菜で作られたクレヨン。

米油をベースに野菜パウダーで着色したおやさいクレヨン。米ぬ
かを絞った米油、顔料などが原料のおこめクレヨン。どちらも万
が一口にすることがあっても安心です。色もやさしく自然な色。
●おやさいクレヨン standard/2,200 円 / おこめのクレヨン standard/2,750 円
/mizuiro　info@mizuiroinc.com

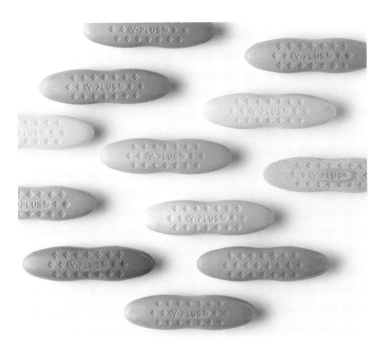

天然合成ワックスが原料。
折れにくく、手が汚れない、
水で落とせるクレヨン。

握りやすいピーナッツ形。力を入れても折れにくく、手が汚れにくいクレヨン。色がついても水で落とすことができるため落書き用としても使えます。原料は天然素材の合成ワックスです。

● Y-PLUS マカロンクレヨンピーナッツ形 12 色 / オープン価格 / 大手通販サイトで販売

水で落とせるクレヨンは、壁や窓などいろいろなところに描いて、描く楽しさを体験できます。

できる!
ポイント

○ 何でも口に入れたがる子
　でも安心の原料。
○ 力を入れても折れにくいから
　思いきり描ける。
○ 水で落とせるから
　落書きができる。

読
み
や
す
く
な
る

# 集中できないのは
# 読みづらさのせい?
# 読むためのルーペや定規を。

文字が読めないわけではないのに、いい加減に読んでいたり、行を読み飛ばしているのは、文字が見づらいのかもしれません。細かい文字が読みやすい大型ルーペや、光の反射を抑える定規、読みたい1行にだけ視点を集中できる定規を試してみてください。

## 1.8倍に拡大。
## 小さな文字が
## 見づらい子に。
## 固定して使える
## ルーペを。

固定できて、角度を自在に変えられる大型ルーペです。細かな文字が見づらい子におすすめ。手芸など手元を大きくして見たい時にも使えて、ストレスになりません。

●せぼね君ルーペ読書用 /5,830 円
/ 共栄プラスチック(株) ☎ 06-6763-0501

親も使ってみて「こうすると読みやすいよ」と子どもに伝えてもいいかもしれません。

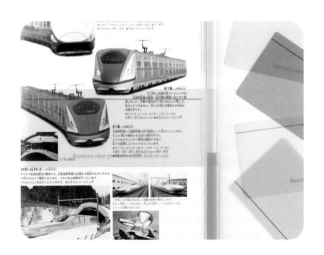

佐藤先生からひとこと

定規タイプのルーペも、せぼね君ルーペと同じ会社で販売されています。子どもによっては定規のルーペがあう子もいます。

## 光の反射を抑えて、読みたい行に集中。
## 目が疲れにくくなります。

白い紙に黒で印刷された文字はコントラストが強すぎて目が疲れる子がいます。コントラストを色で抑えて読みやすくする定規です。読みやすい色は人によって違うため、全部で11色あります。

●魔法の定規 /715円〜 / 輸入元：ユニーク エデュケーション プランニング
☎ 050-3311-0684

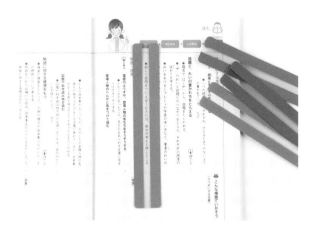

## 行がちらつく子に。
## 読みたい行だけに
## 視点を集中。

行の飛ばし読みの原因のひとつに、行がちらついて集中できないことがあげられます。1行だけに視点を集中できるリーディングトラッカーを使ってみましょう。8色の中から読みやすい色を。

●キハラ リーディング トラッカー / 各319円 / キハラ（株） https://www.kihara-lib.co.jp/

**で゛きる！**
**ポイント**
○ 読みづらいところだけ拡大できる。
○ 眩しさを抑えるので疲れずに読み続けられる。
○ 読みたい行だけが視野に入るので読みやすい。

文字や数がおもしろくなる

# 教え込むのではなく、子どもが興味を持てるジャンルから入る。

文字や数は、身近なところから親しむことができます。子どもの好きなジャンルで、楽しみながら覚えられる一例として電車のドリルをあげました。数も算数的な要素よりもおもしろさ優先に。モノの数え方の本は親子で楽しめます。

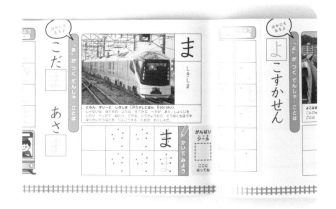

## 好きだから覚えたくなる、電車好きの子を魅了するドリル。

電車のカラー写真を見ながらひらがなの練習。電車名のクイズや迷路など、遊び感覚でひらがなを覚えられます。電車シリーズには、かず・とけい編もあります。

● 『学研の頭脳開発　でんしゃのひらがなれんしゅうちょう　改訂新版』/880円/Gakken　☎ 0570-056-710

子どもが楽しみながら取り組んでいればそれでよしとしましょう。

## 数え方から引き出す数への興味。
## 親子で楽しめる本です。

イルカは1頭、サメは1匹。同じ1でも、数え方はモノによって違います。「食べ物」「生き物」「植物」「教室」「部屋」「乗り物」「建物」「自然」など身近なジャンルに分けて構成。親子で楽しむことができます。

● 『ドラえもん　はじめての数え方（かぞえかた）』 飯田朝子著　藤子・Ｆ・不二雄まんが原作 /1,320 円 / 小学館　☎ 03-5281-3555

できる！
ポイント

○好きなものから楽しく学ぶ。
○自分のペースで覚えられる。

時
計
が
身
近
に
な
る
①

# 子どもの理解力にあわせて、無理なく学べるように。

時計は子どもがつまずきやすい学習のひとつです。スモールステップで学べるようにしてください。スモールステップの歩幅は、子どもによって違います。理解の度合いにあわせてその子のペースで学べるようにすることが大切です。

## その子にあわせたスモールステップで時計の見方が学べます。

このワークシートは、子ども一人ひとりの理解の度あいによって進めるように考えられています。最初に時計盤にたくさんの手がかりを記し、その子の理解のペースで少しずつ外していき、シンプルな時計でも読めるようにします。

● 『1日1歩　スモールステップ時計ワークシート』佐藤義竹著　たきれい絵 /1,760円 / 合同出版　☎ 042-401-2930

突然「時計の勉強するよ」ではなく、前もって「おやつの前に時計の勉強してみようか」などと予告しておくことも大事です。

佐藤先生からひとこと

「○時になったらテレビ（好きな番組）が始まるよ」
「○時になったらお風呂に入ろう」などと、
時計を意識した生活も大切です。

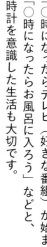

長針と短針がお散歩に出かける話。
美しい絵とお話で時計に親しめます。

長い針と短い針が散歩に出かけ、途中で会うどんぐりの「今、何
時?」に答えていきます。シリーズ1は、ちょうどの時間と30分が、
シリーズ2は何時何分の見方がわかります。
● 『とけいのほん①』『とけいのほん②』まつい のりこ作 / 各 990 円 / 福音館
書店 ☎ 03-3942-2066

で
き
る！
ポイント
　○ スモールステップだからわかりやすい。
　○ 絵本を楽しみながら時計に親しめる。

## 時計が身近になる②

# 時間を意識できるよう、見やすいアナログ時計を目につくところに。

紙の上ではなかなか実感できない時刻や時間の長さ。生活の中で本物の時計に親しみ、時計の読み方を覚えましょう。時間の長さも実感できます。見やすいアナログ時計を目につくところにかけておくことをおすすめします。

### 数字が大きくて見やすく針の位置もわかりやすい。

青い針は○時、赤い針は○分というように、針のさす位置がパッと見てわかりやすいアナログ時計です。1時間ごとに色分けしたカラフルなタイプと、シンプルな色使いで1秒単位がわかりやすいタイプの2種。

●セイコー知育掛け時計 KX617W（写真左上）/4,400円/セイコータイムクリエーション（株）0120-315-474　MAG知育時計よ〜める（写真右下）/オープン価格/ノア精密（株）03-3841-9507

アナログ時計が読めるようになったら、子どもの憧れである腕時計を。時間を意識した生活につながります。

佐藤先生からひとこと

担任時代は、登校時、教室に来た生徒に「今、何時かな」と声をかけて、実生活の中でアナログ時計に触れる機会を、意識して設けていました。

でき る！
ポイント

○ 1時間ごとに区切りがあるからわかりやすい。
○ 秒の数字が書かれているので秒の読み方もわかる。

見通しがつく

# 手順と時間の見える化で次にやることを意識できるように。

見える化のよいところは、見通しがつき、子どもが自分から動く手助けになる点です。見通しをつけるために大切なのは手順の見える化です。時間という抽象的な概念も見える化することで見通しや切り替えの手立てになります。

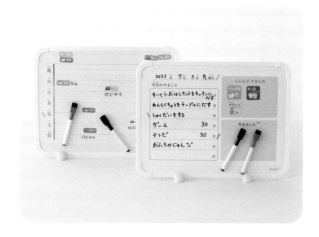

## 帰宅後にすること、その週にすること。見通しをつけるのにボードの活用を。

帰宅後にやることの手順を書き出し、どのタイミングで勉強するかも書き込んでおきます。お楽しみの時間も入れましょう。手順の内容は具体的に。その週にやることも書き込んでおくと先を見通すのに役立ちます。
●リビガク マイプランボードシリーズ　宿題忘れ、忘れ物をなくす（写真右）/2,420円　勉強習慣を身につける（写真左）2,420円/ともに（株）ソニック
☎06-6752-3625

手順を書き出して終わりにせずに、「次は○○だね」と声かけが必要な子もいます。子どもにあわせて手順通りに進められるようにしてください。

84

## 時間の経過を色で見える化。
## 気持ちの切り替えにも。

経過した時間が色でわかるタイマーです。ゲームの時間を30分と決めても夢中になるとどのくらい経過したかわからなくなります。色で示すことで気持ちが切り替えやすくなります。

●トキ・サポ　時っ感タイマーシリーズ　時計プラス /4,950円 /10cm/（株）ソニック
☎ 06-6752-3625

## 残り時間が見えるタイマーで
## 「終わり」を意識できるように。

見通しを持つとは、終わりを意識して自分で活動を切り替えたり、活動を調整したりできるようになることです。残り時間が見えるタイマーが、その手立てになります。

●タイムタイマー モッド /6,380円 / 輸入元：（株）ドリームブロッサム　info@dreamblossom.jp

佐藤先生からひとこと

少ない支援で子どもが行動できるよう、学校では朝の支度や着替えなどの手順も見える化しています。

できる！
ポイント
○ やることが書かれているから自分から動ける。
○ 経過時間や残り時間がわかるから見通しが立つ。

# 机の上が片づく

## 最後の片づけまでが、大切な学習です。自分で整頓できる道具を身近に。

勉強が終わってもそのままにせずに、机の上をきれいにすることも大切です。たとえば、消しカスは、ささっと床に落としてしまうこともあるかもしれません。でも、道具があればまとめてゴミ箱に捨て、「きれいにした」と実感できるようになります。

### 場所をとらない自立型。消しカスや食べかす掃除にも。

机の上に立てておける、自立型のほうきとちりとりセットです。穂先がやや硬めなので消しカスだけではなく、おやつの食べかすや椅子の座面なども掃除できます。

●卓上ほうき ちりとり付き /490円 /
無印良品 銀座　☎ 03-3538-1311

机の横にゴミ捨て用の小さな袋をかけておくと
ゴミが捨てやすくなります。

## 使うのが楽しくなる
## ワンクリックできれいになる卓上掃除機。

消しカスや小さなゴミを吸い取る掃除機です。写真右は底面にミニブラシ付きで乾電池を使用。左は、USB ケーブルから充電しパワフルに吸引。どちらもワンクリックできれいに掃除できます。

●リピガク スージーコロン　乾電池式卓上そうじ機（写真右）/1,760 円 /（株）ソニック　06-6752-3625　充電式ミニそうじ ワンクリ（写真左）/1,760 円 / クツワ（株）　☎ 06-6745-5611

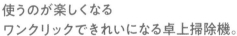

でき**る!** ポイント
○ 手の届くところにあるからすぐ掃除できる。
○ 使って楽しい掃除機。
○ 目に見えてきれいになるから気持ちいい。

**佐藤先生からのメッセージ②**
〜学びやすさのための合理的配慮〜

# 特別扱いではなく、
# 必要な子への必要な手立て。

　合理的配慮は障害のある方が障害のない方と同じように生活するために環境を調整しましょうというものですが、本書で取り上げている道具はより広く、障害に限らない広い範囲を含めています。大事なことは、いずれも子どもの学びやすさ・生活のしやすさのために配慮しようとする考え方は同じであるということです。その配慮は、具体的には手立てということになりますが、道具から学習環境の調整まで内容はさまざまです。そのうちいくつかを紹介したいと思います。

**① 座席配置**

　教室の座席が窓側だと、外の様子が気になりなかなか授業に集中できないという場合、廊下（壁）側や個別に声をかけやすい前方に配置することも考えられます。

**② 食事**

　一般的に使われる箸だと持ちにくく、うまく食事できないという場合、扱いやすい補助箸やスプーンとフォークを使い分けながら食事するということなどが考えられます。

**③ 音読**

　紙の教科書を音読する時、行数が多く読む箇所を判別しにくいという場合、カラーバールーペという具体的な手立てを活用する、より学習しやすいようデジタル教科書を使用するなどが考えられます。

**④演奏**

　リコーダーを演奏する時、吹き穴をうまくふさげず音もれしてしまう場合、専用のシールを手立てとして使って、楽器を扱いやすくすることが考えられます。

　以上のように、手立ての工夫があれば本人の主体的な姿、前向きな経験につながります。特別扱いではなく、必要な子への必要な手立てとして、先生に相談しながら柔軟に活用できるようみんなで考えていくことが大切です。

### 合理的配慮とは

　「障害を理由とする差別の解消の推進に関する法律（略称：障害者差別解消法）」において、合理的配慮の提供が求められるようになりました。また、障害者の権利に関する条約「第二条 定義」において「『合理的配慮』とは、障害者が他の者との平等を基礎として全ての人権及び基本的自由を享有し、又は行使することを確保するための必要かつ適当な変更及び調整であって、特定の場合において必要とされるものであり、かつ、均衡を失した又は過度の負担を課さないものをいう。」とされています。また、合理的配慮の提供に当たっては、保護者、先生、学校など関係者間の合意形成のプロセスと歩み寄りが必要です。まずは担任の先生に相談してみてほしいと思います。

＊参考資料：外務省ウェブサイト「障害者の権利に関する条約」

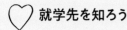 就学先を知ろう

# 子どもの良いところ、
# 得意なところを伸ばしてくれる就学先を。

障害のある子の就学先は、①特別支援学校②特別支援学級③通級指導教室（通級）④通常学級の4つ。自治体の教育委員会が行う就学相談で専門家の検討会等を経て、保護者と教育委員会との合意で決定します。一度決めた就学先でも本人のニーズと学習環境があわなければ変えることも可能。就学先の選択で大切なのは、子どもの良いところや得意なところを伸ばしてくれるかどうかです。特別支援教育への取り組みは自治体によって違います。園の先生や地域の親の会、実際に子どもを通わせている保護者に聞くなどして生の情報を集めることをおすすめします。

## 特別支援学校

視覚障害、聴覚障害、肢体不自由、病弱、知的障害のある子のための学校です。小・中学部は1学級6人以下、重複障害の場合は1学級3人以下。その子の障害の状態に応じて、きめ細やかな指導が行われます。個別指導や小集団での活動が学習の中心。

## 特別支援学級

1学級8人以下。子どもの学習面や生活面の課題にあわせた教育を行います。①知的障害②肢体不自由③病弱・身体虚弱④弱視⑤難聴⑥言語障害⑦自閉症・情緒障害の7種の学級があります。学校によって設置されている学級の種類や数は違います。居住地域の学校に特別支援学級が設置されていない場合は、隣接する地域の小学校（特別支援学級）に通学することもあります。また、教科や活動によっては、通常学級で授業を受けることもあります。

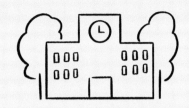

## 通級指導教室（通級）

通常学級に通いながら、決まった時間（月・週に数時間）だけ別の教室で学習します。学習面や生活面の課題に合わせて、個別の指導を受けることができます。課題によっては、小集団で活動することも。言語障害、自閉症、情緒障害、弱視、難聴、学習障害、注意欠陥多動性障害、肢体不自由、病弱、身体虚弱の子が対象。在籍する学校に通級指導教室がない場合は、他校の通級指導教室を利用したり、巡回による指導を受けたりすることもあります。

## 通常学級

集団生活の中で、特別な支援が必要な子には配慮や工夫がなされます。学級担任に加えて加配教員が学級に入り、授業のサポートを行う場合も。サポート体制は学級や授業に応じて異なります。校内の特別支援教育コーディネーターに相談したり、校内委員会で支援会議を開催したりして必要な支援について検討することもあります。

\*参考資料：発達障害ナビポータル（国が提供する発達障害に特化したポータルサイト）

障害児ママライター
べっこうあめアマミのミニレポ②

# 重度知的障害がある息子の就学日記

発達に不安がある子どもにとって就学先の選択は、小学校生活を左右する大きな決断です。親としてしっかり選んであげたいですよね。あくまで一例ですが、息子の特別支援学校入学までの道のりをお伝えします。

### 2019 年 1 月頃～
### 就学先を考え始める

ある日の面談で、療育の先生から「そろそろ就学先を考え始めた方がいい」と勧められた。「まだ年中さんにもなっていないのに…」と戸惑うが、徐々に就学先について意識を向け始める。療育施設主催の保護者会などに参加し、情報を得ていった。

### 2019 年 6 月
### 学校見学 (年中時)

療育施設の掲示で学校見学ができると知り、地域の小学校の特別支援学級と特別支援学校（以下、支援級、支援学校）の学校見学を決めた。支援級は、学区外も含めて 4 校見学。同じ支援級でも学校によって雰囲気が違い、支援級と支援学校も違うと知る。

### 2019 年 10 月
### 放デイを調査し見学

先輩ママたちの話から、放課後等デイサービス（放デイ）はどこも激戦で空きが見つからないと聞き、放デイの説明会に行った。そこでの話から早く動いた方がいいと知り、地域の放デイの情報集めと事業所見学を始める。

### 2020 年 5 月
### 就学相談申し込み

息子が年長になり、いよいよ就学先選びが本格化。特別な支援を受けるためには「就学相談」を受ける必要があるので、5 月の就学相談の受付スタートにあわせて申し込んだ。就学相談は待っていても誰かが進めてくれるわけではないので、子どもの発達に不安がある場合は親が自ら教育委員会に申し込む必要があった（※地域差あります）。「就学相談に申し込む」という行動を起こすことは就学先選びにおいて極めて重要なポイント。

### 2020 年 7 月
### 就学相談 1 回目

事前に教育委員会から指定された、息子の状態を記した書類一式と療育施設や幼稚園からの資料を提出。用意する書類が多くて大変だった。その後、息子の発達検査をして、親

子で教育委員会の担当者と面談をした。

## 2020年8月
## 学校見学 (年長時)

この頃には気持ちが支援学校に傾いていたので、第一希望の支援学校へ改めて学校見学に行った。年中時に支援級も見ていたおかげで、早い段階で気持ちがまとまってよかったと思う。年中時よりも具体的に、就学担当の先生に質問して不安点を解消できた。

## 2020年9月
## 就学相談2回目

「行動観察」という、複数の子どもを集め、集団の中での行動を見る検査の日。息子だけつれていかれて親の私は待機していた。

## 2020年9月
## 就学相談3回目

本来なら対面で判定結果を伝えられる日だが、コロナ禍のため、電話で伝えられた。結果は、支援学校が最適という判定。親側の意思確認をされ、私も夫も同意見ですと伝えると、息子の就学先は支援学校に決定した。

## 2020年9月
## 放デイ見学＆申し込み

就学先が決まったので、改めて放デイの見学や申し込みを始めた。就学先が決まらないと話を進めてもらえない事業所もあるので具体的に動きやすくなった。すでに次年度からの利用希望を出していた事業所には決定した就学先を伝え、改めて利用可能か確認した。

## 2020年10月
## 就学時健康診断の案内

自宅に「就学時健康診断」の案内が届く。役所に問い合わせると、支援学校に行く息子は受ける必要がないとのこと（※地域によります）。管轄が違うため間違って届いてしまったと言われた。支援級や普通学級に行く子は必ず受けなければならないらしい。

## 2020年11月
## 支援学校の面接

就学相談は市区町村の教育委員会が行うが、支援学校は多くの場合都立や県立なので、進路が支援学校に決まると管轄が都道府県の教育委員会に移行する。そのため、入学予定の支援学校で先生たちと面接をしたうえで進路が最終決定となる。ここで決定がくつがえることはないと言われ、終始なごやかな雰囲気だった。息子の特性などの聞き取りや、母子分離して息子の行動を見る時間などがあった。

## 2021年2月
## 支援学校の入学説明会

行くのは親のみで、入学時に必要な書類の説明や用品の購入指示などがあった。いよいよ息子も小学生かと思うとドキドキした。

## 2021年4月
## 入学式

支援学校からの配慮で、前日に式が行われる会場の下見をさせてくれたので、息子も落ち着いて参加できた。スーツを着た息子が少しだけ凛々しく見えて、学校の前で親子で記念写真を撮った。

### 発達支援のショップ、tobiraco*からのアドバイス
～福祉制度を知ろう、活用しよう～

# 情報の差が生活の差。
# 福祉制度を
# 上手に活用して暮らしやすく。

　福祉は申請主義です。どんなによい制度やサービスがあっても、申請しないことには受けることはできません。

　たとえば、障害のある子を一時的に預かってほしい事態が発生したとします。短期入所制度（註1）を知っていて登録しておけば、安心して子どもを預けることができます。高額な福祉用具は、日常生活用具給付の制度や補装具費支給制度（註2）を活用すれば、負担額がかなり軽減されます。

　身近な医療として障害児を専門に診てくれる歯科医（註3）にかかれば、歯の治療はスムーズです。

　でも、このような情報をどこで入手すればよいのでしょうか。福祉制度は多岐にわたり、必要なサービスはライフステージごとに変わります。

　右ページに紹介したのは、福祉制度やサービスをわかりやすくまとめたサイト、情報誌、書籍です。参考にしてみてください。情報の差が生活の差に直結するのが福祉の世界です。

（註1）短期入所　（註2）日常生活用具の給付、補装具費支給制度ともに管轄は厚生労働省ですが、自治体に問い合わせを。（註3）公益社団法人 日本障害者歯科学会ウェブサイト内の「認定医・専門医のいる施設」「口腔保健（歯科）センター」参照。

## おすすめのサイト

### 自治体のウェブサイト

**もっとも身近な福祉の窓口。どのような
サービスがあるのか日頃から目を通しておく。**

自治体のウェブサイトで福祉サービスと申請方法をチェック
しておきましょう。サービスを受けるために数か月かかる場
合もあります。必要に応じて、手続きをしておくと、いざと
いう時に活用できます。

### 発達障害ナビポータル

**国が提供する発達障害のポータルサイト。
ライフステージ別に必要な情報を得られます。**

厚生労働省と文部科学省の協力のもと、国立障害者リハ
ビリテーションセンター（発達障害情報・支援センター）
と国立特別支援教育総合研究所（発達障害教育推進セン
ター）の両センターが共同で運用。発達障害に関する情
報に特化したポータルサイトです。
https://hattatsu.go.jp

### ドコモ・プラスハーティの障がい者情報サイト
ハーティサロン

**動画を多用したわかりやすいサイト。障害のある
家族がいる社員に解説したのが始まり。**

NTTドコモ・プラスハーティが運営するサイトです。障
害のある家族がいる社員向けの、福祉サービスの理解
と上手な活用法を解説した研修会が始まり。監修は、全
国手をつなぐ育成会連合会常務理事兼事務局長にして内
閣府障がい者差別解消法アドバイザーの又村あおい氏。
又村氏が動画でわかりやすく解説しています。
https://plushearty-salon.com

## おすすめの読み物

**日本最大級の親の会が
発信する月刊誌**

身近な話題から最新の福祉制
度の解説まで幅広い情報を網
羅しています。
●『手をつなぐ』（全国手をつなぐ育
成会連合会発行）　書店では販売して
おりません。全国手をつなぐ育成会連
合会の賛助会員に配布されます。申し
込み・問い合わせは全国手をつなぐ
育成会連合会（☎ 03-5358-9274）
http://zen-iku.jp/aboutus/member、
または最寄りの都道府県育成会へ。

**先々まで見渡せる
福祉サービスの地図。**

幼児期から高齢までライフス
テージごとに福祉サービスを
紹介。地図を見るように全体
を見渡すことができます。
●『障害のある子が将来にわたって
受けられるサービスのすべて』（監修
「親なきあと」相談室主宰　渡部伸
1,650 円　自由国民社）

---

＊tobiraco（トビラコ）　発達支援に特化した道具の開発販売を手がける。
情報はよりよく生きるための道具と考え、ウェブサイトや単行本の編集等で発信。

佐藤義竹　さとうよしたけ

筑波大学附属大塚特別支援学校　研究主任／教務主任。筑波大学附属大塚特別支援学校中学部担任を経て支援部。東京都文京区教育委員会・特別支援教育外部専門委員（教育指導課、教育センター）。社会性や自尊感情を育む教育プログラムを実践。自己選択・自己決定、意思表明の力を育む教材として「すきなのどっち?」「きもち・つたえる・ボード」「トライゲーム　やってみたいのはどっち?」（tobiraco）を開発。著書に『1日1歩　スモールステップ時計ワークシート』『今すぐ使える!　特別支援アイデア教材50』（合同出版）がある。

自信を育てる
発達障害の子のためのできる道具
2023 年 11 月 6 日　初版第 1 刷発行

| | |
|---|---|
| ブックデザイン | |
| 阿部美樹子 | |
| 構成・取材・文 | |
| 平野佳代子 | |
| (tobiraco) | |
| イラスト | |
| killdisco | |
| 写真 | |
| 五十嵐美弥 | |
| モデル | |
| 五十嵐れな | |
| 編集協力 | |
| 佐藤麻貴 | |
| 編集 | |
| 熊谷ユリ | |
| 販売 | |
| 窪 康男 | |
| 制作 | |
| 酒井かをり | |
| 宣伝 | |
| 阿部慶輔 | |
| 資材 | |
| 木戸 礼 | |

著者　　佐藤義竹
発行人　杉本 隆
発行所　株式会社小学館
　　　　〒101-8001
　　　　東京都千代田区一ツ橋 2-3-1
　　　　編集　03-3230-9726
　　　　販売　03-5281-3555
印刷所　TOPPAN 株式会社
製本所　株式会社若林製本工場

造本には十分注意しておりますが、印刷、製本など製造上の不備がございましたら「制作局コールセンター」（フリーダイヤル 0120-336-340）にご連絡ください（電話受付は、土・日・祝休日を除く 9:30 ～ 17:30）。